1 | Rote Straße

Der Rundgang durch Flensburg beginnt mit einem Blick auf das 1965 fertiggestellte Flensburger Rathaus. Danach lässt sich ein Spaziergang durch die Flensburger Innenstadt wunderschön in der angrenzenden Roten Straße beginnen. In dieser historischen Gasse finden sich noch Kleinbürgerhäuser aus dem 18. Jahrhundert. Bis um 1874 stand am Beginn der Straße das Rote Tor der Stadtbefestigung als südlicher Eingang zur Stadt. Die Straße erhielt ihren Namen jedoch nicht von der Farbe, sondern vom niederdeutschen Begriff für Rodung, die im vor dem Tor beginnenden Stadtwald durchgeführt werden musste, um die Stadt entlang des berühmten Ochsenweges erweitern zu können, der hier schon seit langer Zeit aus der Stadt hinausführte.

Der Ochsenweg verlief von Dänemark an der Westseite der Flensburger Förde entlang quer durch Schleswig und Holstein bis nach Altona. Jahrhundertelang wurden über diesen Weg jedes Frühjahr Zigtausende Ochsen, die während des Winters auf dänischen Bauernhöfen aufgezogen worden waren, nach Süden getrieben, um erst auf den friesischen Weiden gemästet und dann in den großen Städten Hamburg und Bremen verkauft zu werden.

2 | Höfe an der Roten Straße

Braaschhof

Braaschhof Museum Mo–Fr 10–18.30 Uhr, Sa 10–16 Uhr

Auf der westlichen Straßenseite der Roten Straße haben sich fünf der berühmten Flensburger Höfe erhalten. Sie dienten als Pferde-Ausspann für die Bauern und Händler, die mit Waren in die Stadt kamen, um sie hier auf dem Markt oder an die Kaufherren zu veräußern. Außerdem wurden viele Waren auch hier gelagert, und es gab schon immer Gastwirtschaften, in denen die neuesten Nachrichten verbreitet wurden und man vor der Heimfahrt auf den gelungenen Verkauf anstieß.

In allen Höfen der Roten Straße ist noch gut die ehemalige Funktion der alten Hintergebäude als Scheunen, Ställe und Werkstätten zu erkennen, in die nun viele reizvolle und interessante Galerien, Geschäfte, Restaurants und Cafés eingezogen sind. Seit 1995 erwachen die Flensburger Höfe im Sommer vier Wochen lang zu ganz besonderem Leben. Dann findet die »Flensburger Hofkultur« mit ausgefallenen Musik- und Kleinkunstveranstaltungen statt. So wird die alte Tradition des internationalen und damit bunten Lebens in den Höfen wiederbelebt, wie es der Handel in alten Zeiten mit sich gebracht hatte.

Der erste Hof an der Roten Straße ist der **Braaschhof,** an dessen Beginn das alte Fachwerkhaus des Wein- & Rumhauses Braasch mit einem Feldsteinkeller aus dem 13. Jahrhundert liegt. Der lauschige Braaschhof ist mit Wein und Kiwibäumen berankt. Hier ist das »Braasch Rum Manufaktur Museum« untergebracht, in dem u. a. die Rumherstellung mit alten und modernen Destillerie-Gerätschaften erläutert wird. Außerdem wird eine Führung zur Geschichte des Westindienhandels und der Rumproduktion angeboten, auf der auch ein Probeschluck aus dem eigenen Manufakturbetrieb gereicht wird.

Rum, »das Gold der Karibik«, machte die Rumstadt Flensburg einst reich und berühmt. In der Blütezeit des Rumhandels im 18. Jahrhundert gab es zahlreiche Rumhäuser in der Stadt, bis in die achtziger Jahre des 20. Jahrhunderts existierten 25 Spirituosenfabriken. Heute gibt es noch zwei Rumfabriken, Johannsen und Braasch. Flensburgs Geschichte ist wahrlich »rumreich«, denn sie ist mit dem großen Zeitalter der Segelschifffahrt und

Rum wird aus der eingekochten Melasse des Zuckerrohres destilliert und erhält durch die Lagerung in Holzfässern die bräunliche Farbe. Flensburger Schiffe brachten aus der dänischen Kolonie auf den Westindischen Inseln sowohl den starken Roh-Rum als auch Rohrzucker mit. Die Flensburger Fabrikanten verfeinerten das Getränk durch die Zugabe von weichem Flensburger Wasser und klarem Alkohol. Der Rum diente Matrosen zum Durchhalten und Auskurieren von Krankheiten; norwegischen Walfängern sollte er dazu verhelfen, mutig und gelöst auf die Jagd zu gehen. In Norddeutschland beliebt ist auch »Grog«, zur Zubereitung heißt es im Volksmund: »Rum muss, Zucker kann, Wasser darf«.

Brunnen im Krusehof

den Eroberungen und Entdeckungen in Übersee verbunden. Da Flensburg 400 Jahre lang zur dänischen Krone gehörte, konnte die Stadt vom Westindienhandel Dänemarks, das zu den ersten Kolonialmächten in Europa gehörte, profitieren. Im 18. Jahrhundert war Flensburg neben Kopenhagen und Altona der bedeutendste Hafen für die Westindienflotte Dänemarks.

Im nächsten Hof, dem **Krusehof**, hatte der Glaskünstler Günther Kruse sein Atelier. Nach ihm ist der Hof benannt, da er sich als erster um dessen Erhaltung und Restaurierung gekümmert hat, hier begann die Wiedergeburt der Roten Straße. Zur Renovierung des gesamten Hofes wurden nur alte Baustoffe verwendet, sodass kein modernes, sondern ein nostalgisch-heiteres Erscheinungsbild entstand. Der stillgelegte Brunnen, der ehemals die Wasserversorgung des Viertels gewährleistete, wurde wieder aufgebaut.

Der dritte Hof ist der beschauliche **Blumenhof** mit historischem Kopfsteinpflaster. Auch er stammt, wie alle Höfe, aus dem 18. Jahrhundert. Im anschließenden **Sonnenhof** duftet es verführerisch aus der alten Kaffeerösterei. Die Skulptur einer Bärin »bewacht« diesen Hof. Auch der folgende **Rote Hof** weist noch historische Lagerhaus-Architektur auf.

Blumenhof

3 | Südermarkt

Der Südermarkt ist der größte städtische Platz und wird immer noch für den Wochenmarkt genutzt. Er entstand um 1200 als Stadterweiterung nach Süden. Hier kreuzte sich der von Nord nach Süd verlaufende Ochsenweg mit dem wichtigen, von Ost nach West verlaufenden Handelsweg von Angeln, der Landschaft zwischen Schlei und Flensburger Förde, nach Nordfriesland an der Nordseeküste Schleswigs. Deshalb heißen die abgehenden Straßen Angelburger und Friesische Straße. Rund um den Südermarkt finden sich sehenswerte historische Gebäude mit Arkaden, Stufengiebeln und verzierten Dachgauben. Das Haus Südermarkt 11 an der Ecke zur Roten Straße verbirgt hinter seiner Ziegelfassade aus der Spätrenaissance ein modernes Gebäude.

Zusammen mit der Nikolai-Apotheke vermittelt das 1743 errichtete Pastorat der Nikolaikirche (Südermarkt 15) einen Eindruck von der jahrhundertealten westlichen Platzbebauung. Es ist ein seltenes Zeugnis des norddeutschen **Backstein**rokoko.

Die nördliche Bebauung des Südermarktes unterhalb der Kirche wurde 1898 abgerissen, um Platz für die Straßenbahn zu schaffen, die dann die Straße Holm hinauf-

In Nordeuropa wurden Gebäude aus Mangel an Natursteinen aus **Backsteinen** errichtet, künstlich hergestellten Steinen, die aus tonhaltigem Lehm geformt und in Öfen gebrannt (»gebacken«) wurden. Auch verputzte Bauten sind aus Backstein errichtet und meist nur an der Fassadenseite verputzt. Gebäude aus Naturstein sind hier besonders teuer und sollten den Reichtum seines Eigentümers demonstrieren. Die aus Backsteinen errichteten Kirchen bilden in ganz Nordeuropa eine Besonderheit und sind als Werke der »Backsteingotik« in die Architekturgeschichte eingegangen, die man heute auf der »Europäischen Route der Backsteingotik« erkunden kann.

fuhr. 1978 ist dort eine terrassenartige Plattform entstanden, von der man den Südermarkt gut überblicken kann. An der Ostseite des Platzes liegt der Eingang zur größten Einkaufspassage Flensburgs, der »Flensburg Galerie«.

4 | Nikolai-Apotheke

Das Gebäude der Nikolai-Apotheke am Südermarkt 12 ist das älteste erhaltene Bürgerhaus der Stadt (1490). Die Jahreszahl 1436 am Giebel weist auf den abgebrannten Vorgängerbau hin. Das Dielenhaus wurde seinerzeit von einem vermögenden Ochsenhändler errichtet. Seine Fassade zum Südermarkt ist nahezu unverändert erhalten geblieben. Auch die zu den Verkaufsräumen in der alten Kaufmannsdiele führende Treppe steht als letzte ihrer Art in Flensburg gesondert unter Denkmalschutz. Im Inneren haben sich eine historische Holzbalkendecke sowie alte Wandmalereien erhalten. 1960 versagten bei einem Kühllaster, der die Schleswiger Straße hinunterfuhr, die Bremsen. Der LKW prallte ungebremst in einen Teil des Gebäudes. Drei Menschen starben, darunter der Fahrer des LKW, 18 wurden verletzt.

5 | Nikolaikirche

9–18 Uhr (im Sommer länger)

Die größte Kirche Flensburgs, in der 1526 die erste lutherische Predigt der Stadt gehalten wurde, ist dem Heiligen Nikolaus, dem Schutzpatron der Seefahrer und Kaufleute, geweiht – sehr passend für eine seefahrende Handelsstadt. Eine 1990 von Uwe Appold geschaffene Bronzeplastik an der Außenmauer neben dem Kirchenportal zeigt den Heiligen, der sich den Notleidenden zuwendet. Die dreischiffige gotische Hallenkirche wurde in zwei Bauabschnitten errichtet, die ersten vier Joche ab 1390 und die Erweiterung um zwei Joche nach Osten ab 1480. Zuvor war an gleicher Stelle schon im beginnenden 14. Jahrhundert im Zuge der Stadterweiterung nach Süden eine kleine Kapelle entstanden. Der erst 1582 errichtete Turm brannte durch Blitzschlag 1877 ab und wurde ab 1878 neogotisch wieder aufgebaut. Er ist 90 Meter hoch. Im Kirchturm befindet sich ein Glockenspiel, dessen 17 Glocken täglich zwischen 9 und 21 Uhr alle drei Stunden erklingen.

Vor der Reformation befanden sich in der Kirche 18 Altäre, fast an jedem Pfeiler stand einer, sodass annähernd

Heinrich Ringerinck
Gest. 1629, Bildhauer und Schnitzer der Spätrenaissance. Gesichert ist lediglich, dass Ringerinck 1597 als Meister in die Flensburger Schnitzerzunft aufgenommen wurde. Vermutlich kam er aus Westfalen, worauf auch sein Nachname hindeutet. Sein Wirkungsbereich war das Herzogtum Schleswig, wo er viele Meisterwerke für Kirchen schuf. Ringerinck leitete die damals in Norddeutschland bedeutendste Bildschnitzerwerkstatt in Flensburg. Seine Hauptwerke in Flensburg sind der Orgelprospekt in der Nikolaikirche und der Altar in der Marienkirche. Er schuf auch zahlreiche Kanzeln in Norddeutschland und Dänemark.

Oben: Altar
Rechts: Orgel von Heinrich
Ringerinck

Arp Schnitger

1648–1719, Orgelbauer.
Schnitger wurde in der
Nähe von Brake an der
Unterweser geboren. Er
war der bedeutendste
Orgelbauer der Barockzeit
in Nordeuropa – er schuf
über 100 Orgeln und
erhielt sogar Aufträge aus
England und Russland. 30
seiner überwältigenden
Orgeln sind, zumindest
teilweise, noch erhalten.
Seine Hauptwerkstatt lag
in Hamburg. Schnitger
war ein gebildeter und
frommer Mann. Er hatte
mit einer Hamburger
Kaufmannstochter
sechs Kinder. Alle vier
Söhne wurden ebenfalls
Orgelbauer. 1693 erwarb
Schnitger den Hof seines
Schwiegervaters in Neuen-
felde im Alten Land bei
Hamburg, wo er bis zu
seinem Tode eine weitere
Orgelwerkstatt unterhielt,
den sogenannten »Orgel-
bauernhof«.

den ganzen Tag, abwechselnd oder sogar gleichzeitig
vor mehreren dieser Altäre Messen gelesen wurden. Im
Zuge des sogenannten »Bildersturms« nach Einführung
der Reformation wurden auch in Flensburg 1598 die
meisten Seitenaltäre und katholischen Heiligenbilder
entfernt. Aber erst im Rahmen der »Großen Reinigung«
1840–1847 beseitigte man noch die restlichen Nebenal-
täre, das Chorgestühl und die Chorschranken. Bis dahin
verblieben diese »katholischen Relikte« in der evangeli-
schen Pfarrkirche.

Der Besucher, der durch das Portal an der Südseite
eingetreten ist, bemerkt sofort, dass im zweiten Bauab-
schnitt im Altarraum breitere Joche mit dickeren Säulen
errichtet wurden. Vor dem von der reichen Kaufmanns-
witwe Margarethe Cäcilie Valentiner 1749 gestifteten
Hochaltar ist es dadurch wesentlich heller. Die Rokoko-
säulen und sonstigen Bauteile des Altars bestehen aus
marmorimitierendem Holz. Die freie Sicht auf den
Hauptaltar entstand erst durch die »Große Reinigung«
und die damit zusammenhängenden Umbauten wie
etwa die Absenkung des Fußbodens.

Herausragendes Kunstwerk von St. Nikolai ist die
Doppelorgel auf der Sängerempore mit ihren 5000 Pfei-
fen, 66 Registern, drei Manualen und einem Pedal. Heinrich Ringerinck schuf den Renaissance-Prospekt, der
in seiner ursprünglichen Bemalung wieder hergestellt
wurde. 1707/09 baute der weithin berühmte Orgelbauer
Arp Schnitger das Orgelwerk barock um. Bis heute er-
klingt die Orgel in dieser Stimmung. Zusätzlich gibt es
eine zweite, symphonisch-romantisch gestimmte Orgel
mit Fernwerk im Dachraum über dem Altar, die 1997 bis
2009 von Gerald Woehl durch Anbau an die alte Orgel
geschaffen wurde. So entstand ein weltweit einmaliges
Doppelinstrument.

Die spätgotische Bronzetaufe von 1497 erhielt 1722 einen wuchtigen barocken Holzdeckel, um das geweihte
und jeweils nur in der Osternacht erneuerte Taufwasser
vor Verunreinigungen zu schützen. Das sollte die nach-
weislich erhöhte Kindersterblichkeit der Täuflinge in
den letzten Monaten vor Ostern – im »alten« Wasser –
verringern. Amtsschreiber Eckenberger und seine Frau
stifteten 1570 die Kanzel mit Szenen aus dem Leben
Christi.

Außergewöhnlich sind zwei Bildnisse. Da ist zum einen im nördlichen Chor eine 1574 geschaffene »Memento mori-Tafel« (lat. »Gedenke des Todes«), eine Mahntafel an den allgegenwärtigen Tod, der darauf als Gerippe dargestellt ist, außerdem ist auf der Platte ein plattdeutsches Mahngedicht eingraviert. Zum anderen ist im südlichen Chor ein sogenanntes Vexierbild bemerkenswert, das, von den Seiten betrachtet, entweder die Kreuzigung oder die Auferstehung Christi zeigt. Die Darstellung wechselt, wenn man an dem Bildnis vorbeigeht.

Und zum Abschluss: Auf einer Regenrinne läuft eine bronzene Kirchenmaus entlang. Wer suchet, der findet …

6 | Holm

Vom Südermarkt zieht sich ein langer Straßenzug nach Norden bis zum Nordermarkt, der in seinem südlichen Teil »Holm« heißt. Zusammen mit der sich anschließenden Großen Straße ist es *die* Einkaufs- und Flaniermeile und damit das »Rückgrat« der Stadt Flensburg mit vielen, auch kleineren individuellen Läden.

In alten nordischen Sprachen bedeutet »Holm« eine Erhebung, also ein Fläche, die höher als die Umgebung ist. Auf dieser Anhöhe in der Mitte der Altstadt lag früher der gemeinsame Thingplatz, der Platz für Volksversammlungen und Gerichtssitzungen aller Flensburger Kirchspiele. Seit Anfang des 15. Jahrhunderts stand an dieser Stelle das Rathaus. Es wurde 1883 aus Platzgründen abgerissen. Die Stadtverwaltung residierte fortan im ausgebauten Kaufmannshof Holm 7, bis 1964 das neue Rathaus am Neumarkt errichtet wurde.

Am Holm gibt es noch heute herrschaftliche Patrizierhäuser. In der Mitte der Straße trifft man seit 1976 auf die »Holmnixe« des Flensburger Künstlers Ulrich Beier (1928–1981). Die Skulptur mit Brunnen stellt eines der Meerweiber dar, über die es in Norddeutschland zahlreiche Sagen gibt. Die Nixen sind in den Erzählungen meist schön und haben menschliche Gesichter, Arme und Hände, anstelle von Beinen aber einen schuppenbedeckten Fischschwanz. Man sagt, dass ein Sturm zu erwarten sei, wenn sie sich, auf einer Welle reitend, vor einem Schiff zeigen.

Handballhochburg Flensburg-Handewitt

In der deutschen Handball-Bundesliga spielen zwei Nordclubs eine entscheidende Rolle: die SG Flensburg-Handewitt und der THW Kiel. Beide Mannschaften mach(t)en die deutsche Meisterschaft im Handball oft unter sich aus. Die Bundesligaspiele, bei denen diese Nordclubs aufeinander treffen, sind schon lange zum aufregenden Nordderby avanciert. Die Spielgemeinschaft Flensburg-Handewitt wurde 1990 durch Zusammenlegung der Handballvereine von Flensburg und seinem Nachbarort Handewitt gegründet.

Oben: »Holmnixe«
Links: Holm 10

7 | Höfe am Holm

Im Gegensatz zu den Höfen an der Roten Straße dienten jene am Straßenzug Holm/Große Straße nicht als Ausspann, sondern als Lager sowie Wohn- und Geschäftsbereich für die großen Flensburger Handelshäuser. In den dortigen Speichern lagerten die Handelsherren die Waren, die aus Übersee ankamen, um sie zu veredeln, weiter nach Skandinavien zu verschiffen oder direkt zu verkaufen. Die auf der Ostseite des Straßenzuges gelegenen langgestreckten Kaufmannshöfe haben praktischerweise direkten Zugang zu den Hafenbereichen an der Förde. Im Vorderhaus lagen die schmucken Wohnräume und die Kontore, also die Büros, der Handelsherren. In weiteren Gebäuden auf den Höfen wohnten die Dienstleute gleich neben dem Vieh. Zwischen straßenseitigem Vorderhaus und den Gesinderäumen im Hof errichteten die Hausherren oft noch große Saalbauten, die für repräsentative Feierlichkeiten genutzt wurden.

Über die Jahrhunderte wurden die Höfe umgebaut, erweitert und dem Zeitgeschmack sowie neuen Nutzungsformen angepasst. Viele wurden im Rahmen der 1975 begonnenen Stadtsanierung instand gesetzt, einige jedoch auch durch Überbauung beseitigt.

Deutsch-Dänische Kulturachse

Im Grenzgebiet um die Flensburger Förde haben sich von jeher die beiden hier ansässigen Volksgruppen der Deutschen und Dänen vermischt und meist friedlich miteinander gelebt. Auch die Stadt-, Handels- und Architekturgeschichte Flensburgs legt davon Zeugnis ab und wird bis heute erheblich vom Nebeneinander der Nationalitäten bestimmt. Die Flensburger Altstadt wird deshalb zur »Deutsch-Dänischen Kulturachse« ausgebaut. Im Rahmen dieses Städtebauprojektes wird insbesondere die Revitalisierung der Flensburger Kaufmannshöfe vorangetrieben, da sie die deutsch-dänische Zusammenarbeit im Handel widerspiegeln. Außerdem wird durch dieses Projekt an die Volksabstimmung des Jahres 1920 erinnert, bei der sich die Mehrheit der Flensburger und südschleswiger Bevölkerung für einen Anschluss an Deutschland entschieden hatte.

8 | Holmhof und Holmpassage

Touristinformation Nikolaistraße 8, Mo–Fr 10–17 Uhr, Sa 10–14 Uhr, www.flensburger-foerde.de

Der Holmhof (Holm 43/45), auch Dethleffsenhof genannt, zweigt kurz nach dem Südermarkt auf der rechten Seite als erster Kaufmannshof im Süden der Straße Holm ab. Das Vorderhaus Holm 45 ist ein Backsteingiebelhaus des 15./16. Jahrhunderts mit einer Barockfassade mit Volutengiebel aus dem Jahre 1726. Die Gebäude im Hof weisen die typische Staffelung der Seitenflügel vom Saalbau über Gesinderäume bis zu Lagerflächen auf. Besonders sehenswert ist der runde Wendeltreppenturm aus der Renaissance. Im Holmhof waren ab dem 17. Jahrhundert eine Spirituosen- und eine Senffabrik untergebracht, deren Rohstoffe über den Hafen angeliefert und deren Endprodukte nach der Veredelung auch wieder über die Förde verschifft wurden.

Quasi hinter dem Holmhof, über ihn und eine weitere Hofanlage erschlossen, liegt die 1986 fertiggestellte Holmpassage. Sie vereint die historische Bausubstanz des Wendelturmes und des Bommerlunder Lagerkellers mit einer modernen Einkaufspassage. Auch im alten Hinterhaus ist ein Geschäft untergebracht worden, typisch für die Nachnutzung der historischen Flensburger Kaufmannshöfe.

Gegenüber, auf der Westseite des Holms, liegt der aus dem 16. Jahrhundert stammende Kaufmannshof Holm 70. Das Vorderhaus ist durch mehrfachen Umbau stark verändert, aber der Saalbau, ein barocker Seitenflügel mit Tonnendach, sowie ein Querspeicher aus dem 18. Jahrhundert sind im Hof erhalten geblieben.

Holmhof

9 | Holm 19–21

Der größte erhaltene Hof Flensburgs vermittelt mit seinen Seitenflügeln aus unverputztem Backstein ein authentisches Bild seiner Entstehungszeit im 16. Jahrhundert. Bereits im 17. Jahrhundert wurden zwei Höfe zu

Wendelturm in der Holmpassage

Die Sage von Tort Jepsen
1485 soll jemand Feuer gelegt haben, das sich fast bis zum alten Rathaus am Holm ausbreitete. Hier lebte der vornehme Tort Jepsen. Er warf sich vor der Tür seines Hauses auf die Knie und betete zu Gott: Wenn er irgendeinen Menschen wissentlich betrogen habe, möge Gott ihn strafen wie seine Nachbarn. Wenn er aber beim Wiegen nicht betrogen, das richtige Maß gegeben habe und unschuldig sei, so möge Gott ihn doch verschonen. Darauf schlug das Feuer um und verschonte sein Haus. Die wenigen Flammen, die auf sein Haus schon übergesprungen waren, erloschen von selbst. So stoppte der große Stadtbrand am Haus von Jepsen (Holm 19).

einem vereinigt – so wie sich das Ensemble bis heute präsentiert. Das aus dem 18. Jahrhundert stammende Vorderhaus Holm 19 weist eine klassizistische Fassade auf.

10 | Borgerforeningen

Dieser Kaufmannshof (Holm 17) stammt aus der Zeit des Norwegenhandels im 18. Jahrhundert und wird auch Norwegerhof genannt. Er leitet seinen Namen vom 1835 gegründeten, dänisch gesinnten Bürgerverein (Borgerforeningen) ab, dessen Gesellschaftshaus den Hof nach Osten abschließt. Hier feierte der dänische König Friedrich VII. im 19. Jahrhundert rauschende Feste. In den reich ausgestatteten Gebäuden finden sich ein Treppenhaus mit Zopfstilornamentik, Deckenmalerei im Saalbau und ein Gewölbekeller. Besonders liebenswert ist der Trollbrunnen im Innenhof. Das straßenseitige Haus besitzt eine Rokokofassade von 1750/60. Über dem Eingang der Ratsapotheke (Holm 13) aus dem Jahre 1750 wacht ein goldenes Einhorn. Die Fassade des backsteinernen Stadtpalais Holm 10 (siehe S. 10), das der Inhaber einer der großen Westindienhandelsfirmen, Andreas Christiansen, um 1800 erbauen ließ, ist hervorragend restauriert worden.

Liebe Leserinnen und Leser,
vielen Dank, dass Sie sich für einen Lehmstedt Reiseführer entschieden haben. Wir freuen uns, Ihre Meinung zu erfahren. Bitte schreiben Sie uns, wenn Sie Anregungen, Empfehlungen oder Berichtigungen haben. Gut verwertbare Informationen belohnen wir mit einem kostenfreien Lehmstedt Stadtführer Ihrer Wahl! Vielen Dank!

Ich habe diese Karte folgendem Reiseführer entnommen:

_____

❑ Bitte senden Sie mir regelmäßig kostenfrei und unverbindlich die Kataloge Ihrer Neuerscheinungen zu.

Ich möchte gern folgende Bücher aus Ihrem Verlagsprogramm bestellen und bitte um Lieferung gegen Rechnung an die umseitig genannte Adresse.

Anzahl	Autor, Titel

Ab einem Bestellwert von 20 € ist die Lieferung innerhalb Deutschlands versandkostenfrei.

info@lehmstedt.de

Unsere Datenschutzerklärung finden Sie unter www.lehmstedt.de.

An den
Lehmstedt Verlag
Hainstraße 1
D–04109 Leipzig

Vorname und Name

Straße und Hausnummer

PLZ und Ort

E-Mail-Adresse

Datum und Unterschrift

11 | Stadttheater

Anschließend biegt man nach links in die Rathausstraße ein und erreicht das Stadttheater, eine der Spielstätten des Landestheaters Schleswig-Holstein. Sie ist die größte Landesbühne in Deutschland, Schwerpunkte des Theaters sind das zeitgenössische Schauspiel und Musiktheater. Die Theatergeschichte Flensburgs begann im Jahre 1450 mit der Aufführung eines Passionsspiels in St. Marien. Ab 1650 kamen wandernde Schauspielertruppen auch in Flensburg vorbei, die im großen Saal des alten Rathauses auftraten. Mit dem Aufkommen des frommen Pietismus Mitte des 18. Jahrhunderts häuften sich die Theaterverbote. Auch der dänische König Christian VI. erließ für die Jahre von 1738 bis 1749 ein solches Verbot. Seine Begründung lautete: Den »jungen Leuten« würde »allmählich das Geld aus dem Beutel gelockt«. Den Komödianten warf der König vor, sie hingen »insgeheim einem liederlichen Leben« an. 1795 wurde in Flensburg das erste bürgerliche Theater Schleswig-Holsteins eröffnet, das sich zum kulturellen Mittelpunkt der Stadt entwickelte. Nach Plänen des Stadtbaurates Otto Fielitz wurde 1894 das bis heute erhaltene Gebäude im Stil italienischer Renaissancebauten errichtet.

Sprachenvielfalt
Als heutige Grenzstadt und lange zu Dänemark gehörig, gab und gibt es in Flensburg viele verschiedene Sprachen bzw. Dialekte. Neben der deutschen und dänischen Hochsprache sind das Plattdeutsch und Plattdänisch. Hinzu kommen vereinzelt Angeldänisch und Nordfriesisch. Die berühmte norddeutsche Begrüßung »Moin, moin« wird daher auch in Flensburg benutzt. Das Petuh ist eine Mischsprache aus Hoch-, Nieder- und Plattdeutsch sowie Dänisch und Plattdänisch und eine sprachliche Besonderheit dieser Region.

12 | Museumsberg

Di–So 10–17 Uhr, Apr.–Sept.: Do bis 20 Uhr

Heinrich Sauermann
1842–1904. Der gelernte Sattler und Tapezierer gründete um 1872 eine Tischlerwerkstatt. Er sammelte Möbel, ganze Bauernstuben und christliche Kunst der Region. Viele dieser Objekte dienten seinen Lehrlingen als Vorlagen für die Herstellung »altdeutscher Möbel«. 1876 verkaufte er seine Sammlung an die Stadt und legte damit den Grundstock für das Flensburger Kunstgewerbemuseum, dessen erster Direktor er auch wurde. Im Museumsgebäude fanden die Werkstätten und Zeichensäle der nun hier angegliederten Kunstgewerbeschule ihren Platz.

Hoch oben über der Altstadt liegt das Quartier zweier städtischer Museen: Der Museumsberg Flensburg ist eines der größten Museen Schleswig-Holsteins und widmet sich der Kultur- und Kunstgeschichte der Region des ehemaligen Herzogtums Schleswig. Das 1876 gegründete Museum ist im 1903 eingeweihten Heinrich-Sauermann-Haus sowie im benachbarten Hans-Christiansen-Haus beheimatet. Im Parterre des Sauermann-Hauses zeigt das Naturwissenschaftliche Museum die Fauna und Flora der Landschaft zwischen den Meeren. In den beiden darüber liegenden Etagen des im Stil der niederländischen Renaissance errichteten Gebäudes werden Exponate zur regionalen Kunst- und Kulturgeschichte des Herzogtums Schleswig gezeigt.

Einzigartig ist die Präsentation der aus dem 17. und 18. Jahrhundert stammenden Bauernstuben. »Pesel« war ein ungeheizter, schön hergerichteter Repräsentationsraum in den Bauernhäusern der Region, der nur für Festlichkeiten genutzt wurde. Die mundartlich auch »Döns« genannten Alltagsstuben wurden durch einen gusseisernen Ofen geheizt. Ausgestellt sind auch mittelalterliche Sakralwerke der Region sowie eine historische Möbelsammlung, die mit über 900 Stücken zu den umfangreichsten ihrer Art in Deutschland gehört.

Das Hans-Christiansen-Haus wurde in einem 1896 im neogotischen Stil errichteten Schulgebäude untergebracht und zeigt regionale Kunst vom 19. Jahrhundert bis zur Gegenwart. Besonders hervorzuheben sind dabei die Werke des namensgebenden Künstlers Hans Christiansen (1866–1945). Der Nachlass des bekannten norddeutschen Jugendstilkünstlers wird im Museum verwahrt. Darüber hinaus werden Werke der expressionistischen Künstler Erich Heckel, Ernst Barlach und Emil Nolde gezeigt, und auch die zeitgenössische Kunst des Nordens ist vertreten. Sehenswert ist außerdem das »Pariser Zimmer« genannte Prunkzimmer, das Heinrich Sauermann für die Pariser Weltausstellung des Jahres 1900 anfertigte.

Portal am Heinrich-Sauermann-Haus

13 | Flensburger Landschaftsgärten

Im September 2023 wurden auf den Flächen der ehemaligen Gärten der Kaufmannsfamilie Christiansen – heute Museumsberg, Alter Friedhof und Christiansenpark – die Flensburger Landschaftsgärten eröffnet. Als einzigartiges kulturhistorisches Ensemble sollen sie wieder als Einheit erlebbar und aufgewertet werden. Auf dem Friedhof von 1813 finden sich viele altehrwürdige Grabanlagen mit eindrucksvollen Grabsteinen. Die klassizistische Friedhofskapelle wurde 1810–1813 von Axel Bundsen erbaut.

Imposant steht der Idstedt-Löwe nach einer politisch motivierten Odyssee über Berlin und Kopenhagen seit 2011 wieder an alter Stelle und verkörpert seitdem die deutsch-dänische Freundschaft. Die spätklassizistische Plastik schuf 1862 der dänische Bildhauer Hermann Wilhelm Bissen zur Erinnerung an den Sieg der Dänen über die Schleswig-Holsteiner 1850 in der Schlacht bei Idstedt. Der Löwe ist das Wappentier sowohl Dänemarks als auch des Herzogtums Schleswig. Von den Schleswig-Holsteinern wurde das Standbild als Schmach empfunden. Auch der dänische König hatte seine Teilnahme an der Enthüllung abgelehnt, da er das Denkmal und seine

Axel Bundsen
1768–1832, dänischer Architekt des Klassizismus. Bundsen erhielt seine Ausbildung beim dänischen Hofarchitekten. Anschließend unternahm er zusammen mit seinem Bruder umfangreiche Studienreisen in Frankreich und der Schweiz. In Norddeutschland viel beschäftigt, errichtete er u. a. das bekannte Schloss auf dem Gut Knoop am Nord-Ostsee-Kanal, da der Hausherr, Graf von Baudissin, Bundsen schon seit Jahren gefördert und ihm auch seine Auslandsreisen finanziert hatte. Bundsen heiratete die Tochter des Gärtners von Gut Knoop. Weitere große Gutshäuser schleswig-holsteinischer Adeliger folgten. In Hamburg errichtete Bundsen ebenfalls zahlreiche Gebäude, besonders im damals noch dänischen Altona.

Schleswig-Holsteinische Erhebung

Im 19. Jahrhundert war im Herzogtum Schleswig eine »Deutsche Bewegung« entstanden, die die Loslösung vom Königreich Dänemark anstrebte. Die militärische Auseinandersetzung (1848–1851) wird als »Schleswig-Holsteinische Erhebung« bezeichnet. Die Dänen forderten, das gesamte Herzogtum solle dänisch werden. Die deutsche Seite plädierte dafür, Schleswig mit Holstein zu vereinigen. Durch den Sieg bei Idstedt gewann Dänemark die Oberhand. Das änderte sich durch den Deutsch-Dänischen Krieg 1864. Danach regierten Preußen und Österreich die beiden Herzogtümer bis 1866 als Kondominium.

Intention als einen symbolischen Bruch mit der Kultur des deutsch-dänischen Gesamtstaates empfand.

Der Christiansen-Park, der sich westlich anschließt, ist ein bedeutendes norddeutsches Gartendenkmal. Er wurde 1797 von dem Kaufmann Peter Clausen Stuhr angelegt und von der Familie Christiansen erweitert, deren Palais unterhalb an der Straße Holm lag und wohl ursprünglich mit der Gartenanlage verbunden gewesen ist. Beide Grünflächen (Park und Friedhof) lagen zur Zeit ihrer Entstehung noch außerhalb der Stadt. Der Christiansen-Park war ursprünglich nicht für die Öffentlichkeit zugänglich. Heute gehen die Flensburger hier gern spazieren. Nach dem wirtschaftlichen Niedergang des Hauses Christiansen in den 1850er Jahren zerfiel der Park in mehrere Teile. Außer einem Wasserfall und Gartenpavillons findet sich in ihm auch eine Mumiengrotte als romantische Gartenstaffage aus der Zeit um 1800 mit einem antiken Sarkophag. 1820 wurde die für heutige Zeiten kuriose Spiegelgrotte errichtet. Diese Grottenanlage wird von einem unterirdischen Kuppelbau mit Spiegelauskleidung gebildet. Der in der Mitte stehende Besucher kann sich durch die achteckige Anordnung der Spiegel von allen Seiten sehen. Zur Zeit ihrer Entstehung war die Spiegelgrotte eine große Attraktion in der Region.

14 | Große Straße

Von der Rathausstraße biegt man wieder nach Norden in die von sehenswerten Gebäuden umrahmte Fußgängerzone ein, die hier Große Straße heißt und eine sogenannte Groschen- und eine Pfennigseite besitzt. Was hat es damit auf sich? Die Westseite der Großen Straße heißt im Volksmund »Pfennigseite«, da hier traditionell die deutlich schlichter gehaltenen Handwerkerhäuser und -höfe lagen, die keinen unmittelbaren Zugang zum Hafenbereich an der Förde brauchten. Die Ostseite hingegen mit den repräsentativen Häusern und Handelshöfen der reichen Flensburger Kaufleute und Reeder erhielt den Namen »Groschenseite«. Ein Pfennig war viele Jahrhunderte lang die kleinere Münzeinheit. Es gingen 10, 12 oder sogar 20 Pfennige auf einen Groschen, je nach Zeitalter und Region.

Das Gebäude Große Straße 65, in dem ab 1788 die Alte Börse untergebracht war, weist einen besonderen Giebel mit sechs offenen Segmentbögen auf. Auf der »Pfennigseite« der Großen Straße zweigen mehrere Handwerkerhöfe ab, die in ihrer ursprünglichen Gestalt erhalten sind. Hervorzuheben ist der **Neptunhof** hinter der Großen Straße 77.

Neptunhof

Als **Westindienhandel** wird der Handel mit den dänischen Kolonien auf den karibischen Inseln St. Thomas, St. John und St. Croix (auch Jungferninseln genannt) bezeichnet. Die erste feste dänische Siedlung, die von Händlern angelegt und gefördert wurde, entstand 1666. 1754 ging die Kolonie der dänischen Handelskompagnie, der zahlreiche Flensburger Kaufleute angehörten, an die dänische Krone über. Diese verkaufte die Inseln 1917 an die USA. Der Handel brachte Flensburg im 18. Jahrhundert eine zweite wirtschaftliche Blüte. Die Stadt wurde einer der bedeutendsten Handelshäfen für die Schiffe der dänischen Westindienflotte. Zu dieser Zeit war der Flensburger Hafen größer und bedeutender als der von Kopenhagen.

Für den **Unionshof** Große Straße 4 auf der »Groschenseite« der Großen Straße wurden zwei Kaufmannshöfe aus der Blütezeit des Westindienhandels zusammengelegt. Durch das vermehrte Handelsvolumen und die benötigten größeren Lagerflächen wurden mehrfach in Flensburg Handelshöfe vereinigt und an deren Ende große Querspeicher gebaut. Die Handelsherren residierten in den herrschaftlichen Vorderhäusern zur Großen Straße hin, in den kleineren Hinterhofgebäuden lebte ihr Gesinde. Das Vorderhaus bekam wie die Nachbargebäude um 1820 seine repräsentative Fassade, ursprünglich stammen alle Bauten aus dem 16. Jahrhundert.

Am Ende des Hofes **Große Straße 12** liegt ein ansehnlich restaurierter Speicher von 1766, dessen Kran-Erker mit der Winde am Giebel typisch für die Flensburger Packhäuser ist. Hier wurde ehemals Getreide gelagert, heute ist ein Restaurant untergebracht. Am Haus Große Straße 16 erinnert der Löwe aus dem Jahre 1779 daran, dass hier einst die Löwen-Apotheke ansässig gewesen ist.

Der Hof Große Straße 24 geht bis zur Straße »Speicherlinie« durch. Dort befindet sich der 1789 erbaute fünfstöckige **Westindienspeicher**, das größte Speichergebäude Flensburgs. Hier wurde Rum in großen Eichenfässern gelagert. Auch Rohrzucker, Tabak, Kakao, Tee und Gewürze bewahrte man bis zum Weiterverkauf im Speicher auf. Es hat sich wohl auch eine Zuckersiederei auf dem Hof befunden, um den Rohrzucker zu verarbeiten. Heute beherbergt der ehemalige Speicher Wohnungen und Geschäftsräume.

Der **Brasseriehof** (Große Straße 42–44) entstand schon im 16. Jahrhundert, wurde aber ebenfalls im 18. Jahrhundert durch die Errichtung eines großen Querspeichers für den Westindienhandel umgestaltet. Er ist der Handlungsort der Novelle »Im Nachbarhaus links« (1875) von Theodor Storm.

In den Räumlichkeiten des **Stöhr Hofes** hinter dem Haus Große Straße 48 wohnte 1658 der Kurfürst Friedrich Wilhelm von Brandenburg während des zweiten Schwedisch-Polnischen Krieges (1655–1661), der volkstümlich auch »Polackenkrieg« genannt wurde und Schleswig und Holstein furchtbar in Mitleidenschaft zog.

Rechts: Westindienspeicher

16 | Heilig-Geist-Kirche

Di–Fr 14–16 Uhr, Sa 11–13/14–16 Uhr

Auf der Westseite der Großen Straße liegt die gotische zweischiffige Heilig-Geist-Kirche. Sie wurde 1386 als sakraler Teil des Hospitals zum Heiligen Geist gebaut, einer von den Flensburger Bürgern finanzierten Stiftung für Arme und Alte. 1761 wurden der geschwungene barocke Giebel und das Dachreitertürmchen aufgesetzt.

Anfang des 20. Jahrhunderts legte man spätmittelalterliche Fresken der ersten Ausmalung von 1400 frei. Sie stellen im westlichen Joch den Märtyrertod des Heiligen Erasmus, im mittleren den Stammbaum Christi als Wurzel Jesse und im östlichen Christus als Weltenrichter beim Jüngsten Gericht dar. Auch die massiven Pfeiler zwischen den Kirchenschiffen verweisen auf das hohe Alter der kleinen Kirche. Ein barocker Hochaltar von 1720 und mehrere Votivschiffe, u. a. die »Dania« und die »Tordenskjöld«, sind ebenfalls sehenswert. Wie in vielen Kirchen an den Küsten Norddeutschlands üblich, wurden die Schiffe von Seefahrern meist selbst gebaut und geschnitzt und den Kirchen als Dank für oder als Bitte um glückliche Heimkehr gestiftet. Oftmals diente das eigene Handels- oder Kriegsschiff als Vorbild.

Die neue Kirchenordnung nach der Reformation schrieb 1542 Deutsch als Kirchensprache vor und benachteiligte so die dänisch sprechenden Einwohner von Flensburg. Sie konnten den Predigten in den anderen Kirchen nicht mehr recht folgen. Deshalb wurden in der Heilig-Geist-Kirche ab 1586 Gottesdienste in dänischer Sprache abgehalten. Seitdem ist sie – bis zum heutigen Tag – die Hauptkirche der dänischen Gemeinde.

17 | Nordermarkt

Der Nordermarkt ist das mittelalterliche Zentrum Flensburgs und der älteste Marktplatz der Stadt. Er entstand Mitte des 12. Jahrhunderts unter König Waldemar I. von Dänemark, als hier eine neue Siedlung angelegt wurde. Sie bekam auch eine Kirche und einen Hafen. Durch den aufkommenden Ostseehandel in dieser ersten Blütezeit

Dänische Minderheit
Flensburg gehörte zusammen mit dem Herzogtum Schleswig jahrhundertelang zur dänischen Krone. Die meisten Stadtbewohner waren und sind Deutsche, aber die Dänen stellen von jeher einen großen Anteil an der Bevölkerung. Durch eine Volksabstimmung gelangte Flensburg 1920 zu Deutschland, doch die dänische Minderheit wird bis heute respektiert. Es gibt viele kulturelle Einrichtungen für sie wie beispielsweise Theater, Bibliothek oder die Heilig-Geist-Kirche mit Gottesdiensten in dänischer Sprache. Sehr viele Flensburger sprechen beide Sprachen. Flensburg wird oft scherzhaft als »südlichste Stadt Skandinaviens« bezeichnet, besonders dann, wenn die Dänen in den Adventstagen scharenweise zum Bummeln in die Stadt »einfallen«.

Links: Nordermarkt

Beate Uhse

1919–2001, Unternehmerin. Uhse gründete 1951 ein Versandhaus für Kondome und Bücher, 1962 eröffnete sie im konservativen Flensburg mit dem »Fachgeschäft für Ehehygiene« den ersten Sexshop der Welt und gab Tipps über Verhütungsmöglichkeiten. Sie wurde dadurch zur Vorreiterin der Sexual-Aufklärung und als »Mutter Courage des Tabubruchs« tituliert. Im Laufe der Jahre entstand das weltweit bekannte Unternehmen. Vor dem Krieg hatte Uhse ihren Fluglehrer geheiratet, der sie zur Kunstflugpilotin ausbildete, aber im Krieg starb. Mit 75 Jahren machte Uhse noch ihren Tauchschein. Für ihre Verdienste um Aufklärung erhielt die Flensburger Ehrenbürgerin das Bundesverdienstkreuz.

Oben: Marienkirche
Rechts: Schrangen

Flensburgs wurden die Handelsschiffe größer und konnten den zunehmend versandeten Hafen der uralten ersten Siedlung St. Johannis am Ende der Förde nicht mehr erreichen.

Die ehemals kleinen Buden um den Platz wurden im Laufe der Jahrhunderte ausgebaut und bilden heute die pittoreske Ansicht besonders der Nordseite des Nordermarktes. In der Mitte des Platzes steht der Neptunbrunnen aus dem Jahre 1785. Der römische Gott des Meeres ist mit Delfinen und dem markanten Dreizack in der Hand dargestellt. Mit der Errichtung eines Neptunbrunnens wollten sich die Flensburger Seefahrer in früheren Zeiten die Mächte des Meeres gewogen machen und für eine glückliche Heimkehr sorgen.

18 | Schrangen

In der Nordwestecke des Nordermarktes liegt das 1595 errichtete Gebäude, das als Schrangen bezeichnet wird. Unter den Arkaden, vor Regen geschützt, aber ansonsten im Freien, hatten die Schlachter und Bäcker ihre Verkaufsstände. An den Schwibbögen der Arkaden gab es große Haken, an denen die Ware aufgehängt wurde. Der südliche, dem Nordermarkt zugewandte Arkadenpfeiler diente als Schandpfahl, insbesondere auch bei Verstößen gegen das städtische Marktrecht. Die Befestigung für das Halseisen des alten Prangers ist noch zu sehen. Im nördlichen Gebäudeteil arbeitete nach der Reformation ein Buchdrucker. Später war der Schrangen Polizeistation und danach Wohnung des Kirchenvogtes, heute wird er für kirchliche Einrichtungen genutzt.

19 | Marienkirche

Mo–Fr 10–16 Uhr, Sa 10–12.30 Uhr

Die dreischiffige gotische Hallenkirche aus Backsteinen entstand nach einem bereits steinernen, kriegsbedingt zerstörten Vorgängerbau ab 1284, in dem Jahr, in dem Flensburg das Stadtrecht erhielt. St. Marien wurde ab 1400 mehrfach erweitert und im Innern durch Schen-

kungen reicher Flensburger Bürger prächtig ausgestattet.

Schon ab 1526 wurde Flensburg und damit auch diese Kirche evangelisch. 1788 wurde das für ein Kirchengebäude ungewöhnliche Mansarddach aufgerichtet, das man seinerzeit »gebrochenes« oder auch »französisches Dach« nannte. 1878/80 wurde der 1730/31 errichtete Turm ersetzt und erhielt sein klassizistisches Aussehen. Dabei beließ man die Mondsichelmadonna (1589) von »Hinrich Stenhouwer und Snitker«, vermutlich Heinrich Ringerinck, an ihrer angestammten Stelle in der Westfassade des Turms.

Die Kirche betritt man vom romantischen, baumbestandenen Platz hinter dem Schrangen durch das Südportal. Ihre zwei Bauphasen sind im Inneren sehr gut erkennbar. Die drei älteren, westlichen Joche aus dem Jahre 1284 haben dicke Vierkantpfeiler, von denen die beiden westlichen aus statischen Gründen für die Errichtung des Turmes noch einmal wesentlich verdickt werden mussten. Die beiden jüngeren, östlichen Joche sind höher und ruhen auf Rundpfeilern.

Mehrere Joche des Kreuzrippengewölbes weisen noch mittelalterliche Konturenmalerei auf. Die Szenen, wie beispielsweise die Vorgeschichte der Geburt Maria im zweiten Joch des Nordseitenschiffes, stammen von etwa 1400. Die gleich alten Malereien im gegenüberliegenden Seitenschiff zeigen für eine Kirche sehr ausgefallene Motive, denn sie stellen ganz profane Szenen dar: Ein »wilder Mann« erschlägt einen Bären, ein Mann kniet auf einem Löwen und reißt ihm das Maul auf, außerdem erkennt man zwei groteske Tänzer und zwei Ritter in voller Turnierrüstung. Im Gewölbe über dem Altar befindet sich eine Darstellung des Jüngsten Gerichts. In der Mitte sitzt Christus als Weltenrichter. Auf der linken Seite vor Maria sieht man zwei Auferstandene, rechts öffnet sich der Höllenschlund.

Der bedeutendste Hochaltar der Spätrenaissance in Schleswig-Holstein wurde 1598 von dem reichen Ehepaar Dietrich und Catharina Nacke gestiftet, welches oben am Altar in Rundgemälden zu sehen ist. Die Schnitzarbeiten stammen vom berühmten Bildschnitzer Heinrich Ringerinck, die Malereien von Jan van Enum. Von der reichen Kirchenausstattung fallen außerdem die wert-

Bronzener Taufkessel von 1591

Käte Lassen
1880–1956, Malerin und Glaskünstlerin. Lassen wurde in Flensburg geboren, wo sie 1956 auch verstarb. Sie studierte 1898–1904 an der Damenakademie in München, einer Mal- und Zeichenschule, und später auch ein Jahr lang in Paris. In München hatte sie ein eigenes Atelier, was als Frau zur damaligen Zeit sehr ungewöhnlich war. Teilweise schloss sie sich den dänischen impressionistischen Skagen-Malern an. Sie lebte den Sommer über meist in ihrem Sommerhaus in Dänemark und ansonsten in Flensburg und Berlin. Käte Lassen schuf neben zahllosen Gemälden auch Wandbilder in öffentlichen Gebäuden und viele Glasmalereien.

Hans Gottfried von Stockhausen

1920–2010, Glasmaler, Maler und Zeichner. Von Stockhausen entstammte einem weitverzweigten Adelsgeschlecht und wurde auf der Trendelburg geboren. Nach seiner Teilnahme am Zweiten Weltkrieg, wobei er die Schlacht um Stalingrad erlebte, und der britischen Gefangenschaft in Ägypten studierte von Stockhausen in Stuttgart Glasmalerei und Mosaik. In späteren Jahren war er selbst Professor und Prorektor der Stuttgarter Akademie. Von Stockhausen belebte alte Glasmaltechniken neu und verwendete sie in seinen Werken. Er schuf über 500 Kirchenfenster.

vollen, größtenteils barocken Epitaphe, viele steinerne Grabdenkmäler und der bronzene Taufkessel von 1591 mit den vier Evangelisten als Trägern sowie die Kanzel ins Auge. Die Bibelszenen am Kanzelkorb wurden 1579 geschnitzt. Die an der Brüstung der Kanzel angebrachte Sanduhr ist über dreihundert Jahre alt. Sie besteht aus vier einzelnen Sanduhren, die zusammen eine Stunde anzeigen. Der Pastor musste sie zu Beginn in Betrieb setzen und die Predigt beendet haben, wenn die letzte Sanduhr durchgelaufen war. So stellte man sicher, dass die Predigten nicht zu lange dauerten, was trotzdem oft geschah. Auf dem Epitaph der Familie Beyer an der Ostwand der Südkapelle ist die älteste gemalte Ansicht der Stadt Flensburg beachtenswert – auf diesem Gemälde hat die Marienkirche noch keinen Turm.

Besonders bemerkenswert sind die modernen Buntglasfenster der Kirche. Eine Munitionsexplosion im Hafen am 14. Juni 1945 zerstörte alle Fenster in weitem Umkreis. Deshalb wurde die Flensburger Glaskünstlerin Käte Lassen beauftragt, sechs Fenster in den Seitenschiffen neu zu gestalten. 1949–1957 schuf sie u. a. das Weihnachtsfenster im östlichen und das Osterfenster im mittleren Südseitenschiff sowie das Pfingstfenster in der Mitte des nördlichen Seitenschiffes. 1960 kamen außerdem vier von Hans Gottfried von Stockhausen geschaffene Fenster hinzu, so das Schöpfungsfenster im Osten des Nordseitenschiffes und die Fenster an der Ostwand.

Der geschnitzte Orgelprospekt mit seinen drei Pfeifentürmen stammt noch von 1732. Das heutige Spielwerk der Orgel wurde 1983 von der berühmten dänischen Orgelbaufirma Marcussen geschaffen. In der Marienkirche ist der bekannte Flensburger Bach-Chor beheimatet, der hier regelmäßig hochrangige Konzerte gibt.

20 | Marienstraße und Burghof

»Johannsen Rum« Führung www.johannsen-rum.de

Nach dem Besuch der Marienkirche überquert man die Große Straße und geht schräg gegenüber in die Marienstraße hinein. Sie hieß einstmals Norderkuhgang, weil das Vieh hier morgens aus den engen Höfen auf

Marienburg

die Weiden oben am Hang und abends wieder hinunter getrieben wurde. Große Verwunderung rufen die im Obergeschoss einiger Häuser liegenden Eingangstüren hervor. Aus Platzmangel im Haus baute man früher Außentreppen ins Obergeschoss. Das Eckhaus Marienstraße 1 aus dem 18. Jahrhundert fällt durch sein Fachwerk auf. Im Haus Marienstraße 18 wohnte einst der Henker der Stadt.

Auf der rechten Seite der Marienstraße liegt die sogenannte »Marienburg«, ein Kaufmannshof aus der Zeit des Nordlandhandels. Hier produziert die Firma Johannsen seit 1878 als ältestes bis heute existierendes Rumhaus Flensburgs feinen Rum. Im Fachwerk-Vorderhaus befindet sich die urige Hökerei (plattdeutsch für Laden). Der Name Marienburg weist auf die ehemalige **Duburg** hin.

Bei der Marienstraße 22 zweigt rechts der Burghof ab, mit Gebäuden, die der sogenannten Heimatschutzarchitektur aus den Jahren 1909/10 angehören und dadurch historisierend wiederum einen deutlichen Burgcharakter schaffen. Hier stand vermutlich früher eine Turmburg, die ein Bestandteil der Flensburger Stadtbefestigung war. Es wird angenommen, dass in der kleinen Burg eine höhere Persönlichkeit wie beispielsweise der vom König eingesetzte Stadtvogt seinen Sitz gehabt hat.

Die **Duburg**, oberhalb auf dem Marienberg gelegen, wurde auch Marienburg genannt. Der kleinere Vorgängerbau von ca. 1150 hieß »Hof Flenstoft«, was auf seinen eher sagenhaften Erbauer Ritter Fleno und damit auch auf den Ausgangspunkt für den Namen der Ansiedlung hindeutet. Die große Burganlage mit dem Namen Duburg, deren Bau 1411 von Königin Margarethe I. veranlasst wurde, beschützte mit weitläufigen Befestigungsanlagen jahrhundertelang die Ansiedlung zu ihren Füßen. Sie wurde nach ihrer Aufgabe 1719 vollständig abgebrochen.

Eingang zur Marienburg

Die Sage vom »Bösen Ritter«
Früher hauste in Flensburg ein gottloser Ritter, der sich an allem Heiligen versündigte. Weil er ein so schlechter Mensch war, versank seine Burg eines Tages, und an ihre Stelle trat ein tiefer Teich. Wenn es in der Neujahrsnacht von der Marienkirche zwölf Uhr schlägt, erscheint die Burg in ihrer ganzen Pracht. Sodann erheben sich die Könige und Herren, die einst dort wohnten, mit ihrem Gefolge und reiten um die Burg. Auch zwölf weiße Jungfrauen schließen sich diesem Zuge an. Alles wandelt drei Mal um die Anlage. Sobald der letzte Knecht durchs Tor hineingegangen ist, schlägt es eins und alles verschwindet wieder.

21 | Toosbüystraße

Über den Innenhofkomplex des Burghofes gelangt man zur mit imposanten Gründerzeitvillen geschmückten Toosbüystraße. Sie wurde um 1900 als Verbindung zum neu entstandenen Wohnviertel auf dem Burgberg angelegt. Typisch für die Toosbüystraße war der häufige Durchzug vieler Musikkapellen. Einer der spektakulärsten war der Musikzug von Tambourmajor Fritz Sinkula. Wenn er über die Toosbüystraße marschierte, war der Straßenrand von vielen Zuschauern gesäumt. Weniger Beachtung fand Hein Hop, wenn er seinen Karren vom Hafen die Straße hochschob und als Werberuf für seine Krabben laut ausrief: »Frische Hop-Krab!« Nach einem Blick links die Straße hoch, der einen Eindruck vom Villencharakter vermittelt, biegt man rechts ab und erreicht so die Kreuzung Neue Straße/Norderstraße.

22 | Eckener Haus

Bevor man die Norderstraße weiter nach Norden hinaufgeht, ist zunächst das Eckener Haus (Nr. 8) mit den zwei vorspringenden Utluchten aus dem 16. Jahrhundert einen Blick wert. (Utluchten ist der plattdeutsche Begriff für Erker. Aus ihnen kann man »utluchen«, also hinausschauen.) Die drei Skulpturen aus Sandstein auf dem barocken Giebel, der um 1740 entstand, stammen aus dem Schlossgarten des Schlosses Gottorf bei Schleswig und wurden 1853 hier angebracht. Sie sind Personifikationen der Jahreszeiten, links des Winters, oben des Herbstes, rechts des Sommers.

In diesem Bürgerhaus wurde der berühmte Luftfahrtpionier **Hugo Eckener** geboren. Er war der Nachfolger des legendären Luftschiffbauers Graf Zeppelin, deshalb ist ein Modell eines »Zeppelins« über dem Hauseingang angebracht. Auch sein Bruder, der bekannte impressionistische Maler und Grafiker Alexander Eckener (1870–1944), wuchs hier auf. Ihre Eltern betrieben in diesem Haus einen Zigarren- und Gewürzladen, lebten also ebenfalls vom blühenden Flensburger Überseehandel.

Hugo Eckener
1868–1954, Ökonom, Schriftsteller und Luftfahrtpionier. Eckener wuchs in Flensburg auf. Nach dem Studium der Nationalökonomie und Geschichte habilitierte er sich in München. Anschließend arbeitete er als Schriftsteller und freier Mitarbeiter einer Flensburger und der Frankfurter Zeitung. Durch die Zeitungsberichterstattung lernte er Ferdinand Graf von Zeppelin und die Produktion der Luftschiffe in Friedrichshafen kennen. Ende der 1890er Jahre siedelte er an den Bodensee um, stieg in den Luftschiffbau ein und wurde Nachfolger von Graf Zeppelin. 1924 gelang Eckener als Flugkapitän des Zeppelins LZ 127 erstmals die Überquerung des Atlantiks.

Kaufmannshof
Norderstraße 86

Wilhelm Mensinga

1836–1910, Arzt, Wegbe-
reiter der modernen Ge-
burtenkontrolle. Mensinga
studierte an der Kieler
Universität Frauenheilkun-
de. Bei seinen Praktika in
Geburtshilfeeinrichtungen
und später in seiner Haus-
arztpraxis in der Norder-
straße hatte er erlebt, wie
besonders Frauen aus är-
meren Verhältnissen durch
viele Geburten zu Grunde
gingen. So kam er zu dem
sozial drängenden Thema
der Geburtenkontrolle.
Seine ersten Schriften dazu
veröffentlichte Mensinga
unter dem Pseudonym
C. Hasse. Um Bedürftigen
zu helfen, hielt er zweimal
wöchentlich kostenlose
Sprechstunden ab. Nach
ihm ist das Mensinga-
Diaphragma benannt.

23 | Norderstraße

Die Norderstraße setzt den Straßenzug Holm – Große
Straße bis zum Nordertor fort. Sie ist deutlich ruhiger,
obwohl auch hier zu beiden Seiten Handwerker- und
Kaufmannshöfe abzweigen. Auffallendstes Merkmal
sind die ausgelatschten Schuhpaare, die über der Straße
baumeln. Als Kultobjekte zählen sie zu den modernen
Mysterien der Stadt. Zuverlässig bekannt ist nur: Die
Drahtseile stammen noch von der alten Straßenbahn.
Zuerst soll angeblich ein genervter Ehemann die stin-
kenden Schuhe seiner Angetrauten über die Seile gewor-
fen haben. Anwohner, die aus der Norderstraße wegzie-
hen, lassen nun oft ein altes Paar Schuhe zurück.

Die beiden romantischen Hofanlagen, der **Künstler-
hof** hinter Norderstraße 20 und der **Lagerhaushof** hinter
Norderstraße 38 wurden in den 1980er Jahren liebevoll
umgestaltet. Sie verbinden die Norderstraße mit der
Segelmacherstraße. Bereits im 16. Jahrhundert wurden
hier Gebäude errichtet, auf deren Grundmauern die heutigen Häuser aus dem 18. Jahrhundert stehen.

Links zweigt der **Zuckerhof** (Nr. 31) ab. Hier stand eine
der fünf größten Zuckersiedereien Flensburgs. Der Speicher auf der Nordseite wurde um 1820 errichtet. Das Vorderhaus stammt von 1906.

24 | Oluf-Samson-Gang

Der rechts von der Norderstraße abzweigende Oluf-Samson-Gang ist eine der ältesten Straßen Flensburgs, benannt nach dem Reeder Oluf Samson. Dessen Name hat nichts mit der biblischen Gestalt Samson zu tun, sondern verweist auf seine Herkunft von der Insel Samsö im Kattegat. Zu Beginn des 17. Jahrhunderts besaß er mehrere kleine Mietshäuser in diesem Gang, die von Seeleuten und Handwerkern bewohnt wurden. Es war also eine »Kleine-Leute-Straße«, was den Häuschen, die aus dem 18. Jahrhundert stammen, heute noch anzusehen ist. Einen lebendigen Eindruck der Straße vermittelt ein expressionistisches Gemälde von Erich Heckel (1913).

Nach dem Zweiten Weltkrieg avancierte der Oluf-Samson-Gang zur »Liebesgasse« der Stadt. Bis in die 1970er Jahre hinein gingen bis zu 70 Damen hier ihrem Gewerbe nach. Zu dieser Zeit war der Oluf-Samson-Gang, an den sich an der Schiffbrücke und in den weiteren Nebenstraßen ein ausgedehntes Vergnügungs- und Ausgehviertel anschloss, die wohl bekannteste Bordellstraße zwischen der Hamburger Reeperbahn und der Kopenhagener Istedgade. Inzwischen sind aber alle Damen ausgezogen.

»Vertellgeschicht«
»Vertellen« ist das plattdeutsche Wort für »erzählen«, und folgende Geschichte erzählte man sich in Flensburg: In den fünfziger Jahren des letzten Jahrhunderts wurde eines Tages eine alleinstehende Mutter von ihrem kleinen Sohn bedrängt, doch endlich zu erzählen, was die Frauen im »Oluf« eigentlich so trieben, warum sie so leicht bekleidet seien und in schummrig rotem Licht am offenen Fenster säßen. Nach kurzem Nachdenken antwortete die Frau: »Die wollen alle geheiratet werden.« Doch damit gab sich der Junge nicht zufrieden. »Mama«, sprach er, »dann setz du dich doch auch dahin!«

Stadtwappen

Das seit dem 14. Jahrhundert belegte Stadtwappen (siehe S. 48) besteht aus einem roten Burgturm, der an die Duburg erinnern könnte. An dem Turm fließt Wasser vorbei, also wohl die Förde. Die Schleswigschen Löwen stehen für das Herzogtum Schleswig und das Nesselblatt für das Herzogtum Holstein. Anders als die Stadtwappen anderer norddeutscher Städte weist das Flensburger Wappen keinen Bezug zur Hanse auf, denn Flensburg hat diesem Kaufmanns- und Städtebund wohl nie angehört. Allerdings ist diese Annahme der Historiker nicht eindeutig belegt, und die Gründe dafür sind ebenfalls nicht bekannt.

25 | Flensborg-Hus

Das ehemalige Waisenhaus in der Norderstraße 76 wurde 1723–1725 aus den Steinen der abgerissenen Duburg (siehe S. 29) errichtet. Es war zu Beginn das einzige Waisenhaus im dänischen Staat außerhalb Kopenhagens. Im Tordurchgang befinden sich an den Deckenbalken Inschriften in dänischer Sprache und an der Fassade das Spiegelmonogramm von König Friedrich IV. Daneben prangt die Wappentafel mit dem alten **Stadtwappen** Flensburgs und dem Schriftzug »Gott allein die Ehre«. In späteren Jahren diente das Haus als Arbeits- und Zuchthaus, als Kaserne (1760–1894) sowie als Hotel- und Gaststättenbetrieb. Heute wird es als Flensborg-Hus von Einrichtungen der dänischen Minderheit genutzt.

Wenige Meter hinter dem Flensborg-Hus ist in der Norderstraße 86 noch einmal ein typischer Kaufmannshof aus dem 18. Jahrhundert mit Querspeicher zur Hafenseite zu bestaunen. Hier lag die erste Fabrikationsstätte des berühmten Kümmelbranntweins »Bommerlunder«. Er wurde für lange Zeit fast ausschließlich in Flensburg gebrannt. Die Band »Die Toten Hosen« benannte den Song »Eisgekühlter Bommerlunder«, der auf nahezu all ihren Konzerten gespielt wird, nach diesem berühmten Schnaps.

26 | Phänomenta

Di–Do 9–16 Uhr, Fr–So 11–18 Uhr
(Ferien Schl.–Holst.: Di–So 11–18 Uhr)

Die Phänomenta ist ein Ausstellungshaus der besonderen Art. Naturwissenschaftliche Vorgänge werden durch aktives Mitmachen der Besucher erklärt. Das Motto lautet: »Entdecke den Forscher in dir!«. Die Phänomenta versteht sich als »ein Erlebnishaus für neugierige Hände, Ohren, Augen und Nasen«. Es gibt eine Vielzahl interaktiver Stationen, die zum Experimentieren einladen, darunter Versuche zur eigenen Wahrnehmung, zur Mechanik, Optik und vielen anderen Themen. Außerdem laden Kurse und Workshops zu wechselnden Themen ein zum Basteln und Werkeln, Experimentieren und Tüfteln sowie Programmieren und Einsteigen in die Welt der elektronischen Möglichkeiten. Die beeindruckende Glasfassade des spektakulären Neubaus des Hamburger Architekten Klaus Sill stellt eine moderne Verbindung zwischen den alten, sanierten Gebäuden des Kaufmannshofes und des Nordertores her. Im Dunkeln wird durch wechselnde Beleuchtung der Fassade eine Lichtinstallation geschaffen, die einmal mehr auf die Aktivitäten im Science Center aufmerksam macht.

Sitz der letzten NS-Reichsregierung
Die Mitglieder der letzten NS-Reichsregierung, u. a. Großadmiral Karl Dönitz als Regierungschef sowie Generaloberst Alfred Jodl und Architekt und Reichsminister Albert Speer, zogen sich im Mai 1945 vor den anrückenden alliierten Truppen in die Kaserne der Marine in Flensburg-Mürwik zurück. Nach Hitlers Selbstmord hatten sie zunächst in der Marinekaserne in Plön residiert. Am 23. Mai 1945 wurden sie von den Briten, die diesen Teil Deutschlands erobert hatten, abgesetzt und in Anwesenheit wichtiger Journalisten aus aller Welt verhaftet.

27 | Nordertor

Das Wahrzeichen Flensburgs mit dem markanten Stu-
fengiebel ist das einzige erhalten gebliebene Stadttor
im Landesteil Schleswig. Seit 1345 entstand schrittweise
die Stadtmauer Flensburgs mit einem Vorgängerbau des
heutigen Stadttores. Das neue Tor wurde um 1595 erbaut und bildete bis 1795 die nördliche Begrenzung der
Stadt. Mit Einbruch der Dunkelheit wurden die Stadttore
geschlossen. Auf dem stadtauswärts zeigenden Nord-
giebel prangen das dänische Königswappen mit dem
Wahlspruch Christians IV. »Regna Firmat Pietas« (Fröm-
migkeit stärkt die Königreiche) und das Flensburger
Stadtwappen. An die Ostseite des Tores schlossen sich
Armenwohnungen an.

Seit 2011 wird das Nordertor von der benachbarten
Phänomenta genutzt. Eine spannende Sammlung be-
leuchtet die Verdienste Hugo Eckeners.

28 | Volksbad

Vom Nordertor folgt man rechts der Straße Am Nordertor ans Westufer der Flensburger Förde und zum Hafen
hinunter. Dabei passiert man das ehemalige Volksbad

aus dem Jahre 1901, das heute ein beliebtes Kultur- und Kommunikationszentrum ist. Die Baulichkeiten spiegeln noch sehr gut die Bauweise damaliger »Badeanstalten« wider, die schon deshalb benötigt wurden, weil es in den kleinen Wohnungen der ärmeren Bevölkerung kaum sanitäre Einrichtungen gab und man daher zum wöchentlichen Bad ins Volksbad ging. Es gab Einzel- oder Doppelkabinen. Die Zweier-Wannen waren familienfreundlich, denn die Mutter konnte sich und ihre Kinder gleichzeitig baden und beaufsichtigen. Die Badewärterinnen sorgten stets dafür, dass alles pieksauber war, nach jedem Gast wurde die Wanne frisch gescheuert. Es gab aber auch Badegäste, die kamen nur ein- bis zweimal im Jahr, wenn zu Hause die Betten frisch bezogen wurden. Wenn diese Leute gebadet hatten, konnte man die Kabine angeblich erst eine Stunde später wieder vermieten... Das Volksbad wurde noch bis 1977 in seiner ursprünglichen Bestimmung genutzt.

29 | Hafen

Der Flensburger Hafen liegt am Ende der Flensburger Förde, die vor Jahrhunderten an ihrer Spitze noch tiefer war, weshalb der alte Hafen zunächst dort lag. Als dieser mehr und mehr verlandete, mussten die Hafenareale weiter nach Norden in den Bereich des jetzigen Museumshafens und darüber hinaus verlegt werden. Ohne ihren Hafen wäre die Stadt Flensburg nicht denkbar und nie entstanden, denn die Wassernähe war im 12. Jahrhundert ausschlaggebend für die Gründung einer Handelsansiedlung an der Förde.

Um 1600 hatte Flensburg ca. 5000 Einwohner und der Hafen war mit 200 hier beheimateten, seegängigen Schiffen bedeutender als der Kopenhagens. Die Stadt erlebte ihre erste wirtschaftliche Blüte, die sich im 18. Jahrhundert durch den Westindienhandel noch einmal wiederholte. Teile des Hafens waren daher auch durch die Flensburger Stadtbefestigung besonders gesichert. Zur Unterhaltung und Sicherung der Hafenbereiche und zur Instandhaltung der Fahrrinnen mussten die Schiffseigner Pfahlgeld bezahlen, was besonders für die im Hafen überwinternden Schiffe teuer werden konnte. Der Name

Sage vom Tod der Königin Margarethe
Die dänische Königin soll der Sage nach große Zwietracht im Land angestiftet haben. 1412 scheiterten die holsteinischen Truppen an der Einnahme der Duburg. Daraufhin ließ die Königin den Bürgermeister und die Ratsleute hinrichten, da sie die Feinde unterstützt hätten. Es heißt, dass einer der zu Unrecht verurteilten Ratsmänner die Königin aufgefordert habe, sich in drei Tagen mit ihm vor Gott als höchstem Richter zu verantworten. Da sei »durch Gottes Willen geschehen, dass sie nicht einen Fußbreit Landes hatte, darauf sie sterben konnte«, denn drei Tage später tobte ein Unwetter und die Königin fand nur Zuflucht auf einem Schiff im Flensburger Hafen, wo sie einsam starb. Tatsächlich soll Margarethe I. 1412 im Flensburger Hafen, allerdings an der Pest oder der Ruhr, gestorben sein.

»Windsbraut« (1972) von Herrmann Menzel an der Schiffbrücke

rührt von den sogenannten »Duckdalben« her, dicken gebündelten Pfählen, an denen die Schiffe festmachten.

Die heutigen wirtschaftlich genutzten Hafenareale und Schiffswerften liegen auf dem Ost- und dem nördlichen Westufer. Von der Straße Schiffbrücke genießt man einen herrlichen Ausblick über die gesamte Innenförde und besonders auf das neue alte Ostufer mit seinen historischen und modernen Bauten. So ist beispielsweise der Freihafen-Silo (1923) des Architekten Paul Ziegler eines der bekannten Flensburger Kulturdenkmale. Der weiße »Klarschiff«-Bau auf einem alten Kailagerhausgelände gehört zur neuen »Hafen City«. Rechter Hand fällt der Blick auf das hügelige Kapitänsviertel mit der Kirche St. Jürgen. Darunter befindet sich der Gastseglerhafen Flensburgs. Das Ostufer wird vom futuristischen Wasserturm und dem Volkspark überragt.

Im gesamten Bereich des historischen Hafens an der Westseite der Flensburger Innenförde liegen 50 bis 60 historische seegängige Schiffe. Darunter sind klassische Yachten, Frachtsegler, ehemalige Fischereifahrzeuge, offene Jollen, Dampfschiffe, Passagierschiffe, Schlepper, Behördenfahrzeuge. Das älteste Schiff ist das Postschiff »Fulvia af Anholt« von 1898. Im Hafen starten die berühmten Segelevents wie die **Rumregatta**, die Apfelfahrt und der Grogtörn.

Die Flensburger **Rumregatta** ist das größte Gaffelsegler-Treffen auf der gesamten Ostsee. Seit 1980 nehmen jedes Jahr, immer am Wochenende nach Christi Himmelfahrt, weit über 100 alte, überwiegend gaffelgetakelte Segelschiffe an einer Regatta auf der Flensburger Förde teil, die jedoch kein ernstzunehmendes seglerisches Sportereignis ist. Ziel der Teilnehmer ist kurioserweise der zweite Platz, ganz nach dem Motto: »Lieber heil und breiter, als kaputt und breiter«. Viele Skipper versuchen daher, auf keinen Fall als erster über die Ziellinie zu fahren. Verständlicherweise ist es also eine ziemlich langsame Regatta. Im Vordergrund stehen eher das gesellige Beisammensein sowie der Rumkonsum an Bord und bei den zahlreichen Schaulustigen an Land.

30 | Museumshafen

Museumswerft Mo–So 10–18 Uhr

Als ersten Teil des Flensburger Hafens erreicht man an der Straße Schiffbrücke den Museumshafen mit der Museumswerft. Durch die Aktivitäten im Museumshafen und auf der Werft sollen das Wissen und die Fertigkeiten der Handwerker, Seeleute und Fischer aus der Zeit der großen Segelschiffe bewahrt werden. Auf der Museumswerft werden öffentlich historische Frachtsegler und Arbeitsboote des 18. und 19. Jahrhunderts restauriert oder nach alten Plänen neu gebaut, wie die Smakke Jollen oder die kleinen Frachtensegler Danske Jagten, die am Pier des Museumshafens liegen. Innerhalb der letzten 25 Jahre ist hier eine einmalige Sammlung fahrtüchtiger

Nachbildung des alten Krans von 1726

Hafenunglück

Am 14. Juni 1945 kam es in der Munitionssammelstelle im Hafen zu zwei schweren Explosionen. Dies führte zu weiteren Explosionen von Gewehr-, Pistolen- und Signalmunition sowie von Torpedos der Wehrmacht, die hier bis zu ihrem Abtransport gelagert worden waren. Etwa 60 Menschen kamen ums Leben. Die Schäden im Hafengelände, auf den dort liegenden Schiffen und in der umliegenden Gegend waren erheblich. Eine starke Druckwelle zerstörte die Nordwand des Freihafen-Silos. Bäume wurden entwurzelt, Dächer fortgerissen, Fenster zerbrachen. Ansonsten hatte Flensburg keine größeren Kriegsschäden zu beklagen.

historischer Schiffe der Revier- und Küstenfahrt entstanden, die traditionell in der Ostsee, in Belten und Sunden, im Kattegat und Skagerrak beheimatet gewesen sind.

Die Nachbildung des alten Krans aus Holz von 1726 auf dem sogenannten Bollwerk ist eines der markantesten Arbeitsgeräte der Museumswerft. Er diente zum Setzen und Ziehen der Masten. Die Einnahmen aus der Abgabe für die Kranbenutzung kamen früher vollständig dem Waisenhaus am Hafen zu Gute. Auf der Steganlage steht auch noch eine alte Wachhütte.

Auch ein ehemaliger Haikutter, die »Dagmar Aaen« des Polarforschers Arved Fuchs, ist hier vertäut. Fuchs kaufte den Kutter 1988 und baute ihn zu einem Expeditionsschiff mit zusätzlicher Eisverstärkung um. Mit den Fahrten durch die Nord-Ost-Passage (2002) und die Nord-West-Passage (2004) ist die »Dagmar Aaen« das erste und bis heute einzige Segelschiff, das den Nordpol umrundet hat. Für den ursprünglichen Einsatz bei der Hai-Jagd im Nordatlantik wurde der Rumpf vollständig aus sechs Zentimeter dicken Eichenplanken auf Eichenspanten gebaut. Der Abstand der einzelnen Spanten (wie eine Rippe geformtes Bauteil zum Verstärken der Außenwand des Schiffsrumpfes) war dabei teilweise so eng gewählt, dass kaum eine Faust dazwischen passte.

31 | Schifffahrtsmuseum

Di–So 10–17 Uhr

Das Zollpackhaus an der Schiffbrücke 39 wurde 1842/43 errichtet. Bis in die 1960er Jahre lagerten im Keller die Rumfässer, um von den Zollbeamten geprüft zu werden. Jetzt ist dort das Schifffahrtsmuseum untergebracht. Die Entwicklung des Zucker- und Rumhandels und der damit verbundenen Sklaverei wird ebenso anschaulich vorgestellt wie die Arbeit der Nieter und Schweißer auf den Werften oder das Tauwerk und die Takelage der Segelschiffe. Auch Berichte über die regionalen Besonderheiten wie Butterfahrten oder die grenzbedingte Sprachenvielfalt bereichern das Erlebnismuseum.

Im Keller des alten Zollpackhauses befindet sich die Abteilung des Flensburger Rum-Museums. Die preisgekrönte Multi-Media-Installation erzählt die Biografie einer der großen Flensburger Kaufmannsfamilien und erklärt dabei eindrucksvoll, wie Zucker und Rum nach Flensburg gekommen sind.

Als Ergänzung zu den Museumsschwerpunkten beginnen am Schifffahrtsmuseum die Themenrundgänge »Rum & Zucker Meile« und »Kapitänsweg«. Letzterer folgt einem imaginären Kapitän, der im 17. Jahrhundert

Butterfahrten

Seit 1953 wurden Schiffsausflüge, im Volksmund »Butterfahrten« genannt, über die damalige See-Zollgrenze in dänische Gewässer veranstaltet. Die Ausflügler konnten dabei zollfreie Waren wie die damals noch teure Butter, Zigaretten und Alkohol steuerfrei einkaufen. Diese zollfreien Einkaufsfahrten, die als maritime Ausflugsreisen auf den Förden und die Küste entlang veranstaltet wurden, waren äußerst beliebt und fanden sehr häufig von allen Ostseehäfen aus statt. Etliche Arbeitsplätze waren damit verbunden. Nach der Abschaffung des »Zollgrenzgebietes« durch die EU mussten die Butterfahrten 1999 eingestellt werden.

mit seinem Schiff in den Flensburger Hafen eingelaufen ist und nun vielfältige Angelegenheiten abzuwickeln hat. Dieser Rundweg ist durch ein im Pflaster dargestelltes Steuerrad markiert.

32 | Hansens Brauerei

Täglich ab 11.30 Uhr

Das markante Doppelhaus an der Schiffbrücke 16 beherbergt die Traditionsbrauerei Hansen, in der das hauseigene Hansen Bier gebraut und ausgeschenkt wird. Die Brauerei ist ins ehemalige Rumhaus Sonnberg eingezogen. In der urig eingerichteten Gaststätte kann man natürlich alle Varianten des Hausbieres, aber auch andere Biersorten probieren.

Flensburg ist nicht nur Rum-Stadt. Seit 1888 wird hier auch das inzwischen legendäre Flensburger Bier, im Volksmund »Flens« genannt, gebraut. Es wurde lange Zeit als einzige Biersorte in einer Bügelflasche abgefüllt. Dieses Bier hat schon deshalb Kultstatus, weil die von Rötger Feldmann, genannt Brösel, erfundene Comicfigur »Werner« das Pilsener zu seinem Lieblingsgetränk (»Bölkstoff«) erkoren hat.

33 | Kompagnietor

Das mit rot-gelbem Steinwechsel gezierte Kompagnietor (Schiffbrücke 12) wurde 1602/04 als städtische Waage und Handelsbörse sowie als Gildenhaus des Flensburger **Schiffergelags** errichtet. Im Seeamtssaal tagte der Seegerichtshof. Der Vorgängerbau war Teil der Stadtbefestigung, woher noch der irreführende Namensteil »Tor« stammt. Die Hauptfassade an der Wasserseite wird von den Wappen des dänischen Königs und seiner Gemahlin sowie vom Stadtwappen geprägt. Heute ist das Kompagnietor Sitz des Europäischen Zentrums für Minderheitenfragen.

Die Hochwassermarken an der südöstlichen Gebäudeecke zeugen von vergangenen Flutkatastrophen, als das Wasser der Ostsee durch stetigen heftigen Ostwind in die Förde hinein und über die Ufer gedrückt wurde. Unvergessen bleibt die schwerste Hochwasserkatastrophe in der westlichen Ostsee. Am 13. November 1872 wütete eine Sturmflut mit einem Wasserstand von über drei Metern über NN. Kleinere Überflutungen, bei denen das Wasser knöcheltief in den ufernahen Straßen steht, ereignen sich auch heute noch im Winterhalbjahr eines jeden Jahres mehrmals. Im Oktober 2023 widerfuhr den Flensburgern mit einem Wasserstand von 2,2 Metern über NN wieder eine sehr schwere Sturmflut.

Das **Schiffergelag** ist eine 1580 gegründete bruderschaftliche Vereinigung (Kompagnie) der Flensburger Schiffer, die bis heute als Verein existiert. Bereits um 1390 hatten Kaufleute und Schiffer die St. Marien-Kaufmannsgilde zur gemeinsamen Interessenwahrung ins Leben gerufen. Das Schiffergelag (Gelage = Zusammenkunft) hatte soziale und öffentliche Aufgaben. Man kümmerte sich um Witwen und Waisen der Seeleute und um die Unterhaltung des Hafens. Seine Älterleute stellten das Flensburger Seegericht. Das Schiffergelag hatte außerdem das Privileg zum Be- und Entladen von Schiffen mit Ballast und für Einrichtungen zur Schiffsreparatur.

34 | Dampfschiff »Alexandra«

In der engen Spitze am Ende der Flensburger Förde liegt die als technisches Denkmal eingetragene, kohlebefeuerte »Alexandra«. Der im Jahre 1908 gebaute, mittlerweile einzige seegehende Salondampfer Deutschlands wird von den Flensburgern liebevoll »Alex« genannt. Den Namen erhielt das Schiff nach seiner Taufpatin Prinzessin Alexandra zu Schleswig-Holstein-Glücksburg. Der Dampfer fuhr im Liniendienst auf der Förde hin und her und war später u. a. Lotsenversetzboot sowie Taucherfahrzeug. 2007 wurden ein eigener Dampferpavillon und eine neue Dampferbrücke errichtet. Von Mai bis Oktober sticht die »Alexandra« zu einer 1,5 stündigen Rundfahrt auf der Förde in See.

Die hier ebenfalls vertäute »Gesine« ist ein Motorgüterschiff, mit dem Stückgut auf Flüssen und im küstennahen Bereich transportiert wurde. Gruppen können dieses Schiff für Feiern mieten. Die kleine Fähre MS Flora II legt täglich zu Rundfahrten auf der Förde ab. Das Boot war ursprünglich ein Verkehrsboot der Bundesmarine, das zur Personenfähre umgebaut wurde. Die Hafen- und Förderundfahrt dauert etwa 45 Minuten, die Abendrundfahrt um die dänischen Ochseninseln herum rund zwei Stunden.

Die **Flensburger Förde** beschrieb der Schriftsteller Siegfried Lenz 1966 in seinem ZEIT-Artikel »Schöne, ergiebige Langeweile«: »Eigensinnig versucht die Flensburger Förde ein norddeutscher Lido zu sein: Unter arglosem Blau bietet sie sich an, gibt sich sorglos, fröhlich, von gleitenden Segeln bestückt, sie hat stille Heiterkeit angelegt und möchte gerne von Dufy gemalt werden.«

35 | Johanniskirche

Di/Mi/Fr 9.30–11.30 Uhr, Mo/Do 13–15 Uhr

Über die Johannisstraße gelangt man in den ältesten Siedlungskern Flensburgs, in das Johannisviertel mit der kleinsten und ältesten der drei Hauptkirchen der Stadt, St. Johannis. Der erste Kirchenbau an dieser Stelle soll im Jahre 1128 im Zusammenhang mit der Gründung der ersten Siedlung an der Fördespitze begonnen worden sein. Das Innere der uralten, im Kern romanischen Kirche ist besonders sehenswert, da sie noch über ein komplett von Peter Lykt ausgemaltes spätgotisches Gewölbe aus der Zeit um 1510 verfügt. Diese am Vorabend der Reformation geschaffene Kirchenausschmückung spart nicht mit Kritik an den Zuständen des damaligen Kirchenwesens, die auch Luther scharfzüngig angegriffen hat. Der so gar nicht zur Feldsteinkirche passende Glockenturm wurde erst in der Barockzeit angebaut.

Den Abschluss des Rundgangs bildet das ehemalige Franziskanerkloster Zum Heiligen Geist aus dem 13. Jahrhundert in der Dr.-Todsen-Straße. In der Reformationszeit wurde es säkularisiert und in eine Stiftung zugunsten alter und armer Mitbürger umgewandelt. Es wird bis heute dem Stiftungszweck entsprechend genutzt.

Kapitänsviertel
Wer mehr Zeit mitgebracht hat, sollte noch ins am Ostufer der Förde gelegene, pittoreske Kapitänsviertel gehen. Abseits der Stadthektik verzaubern in diesem Idyll die vielen für diesen Landstrich so typischen Kletter- und Stockrosen an den Häusern und der malerische Blick über die Förde. Unterhalb der Kirche St. Jürgen liegt ein verworrenes Gängeviertel, in dem die Zeit stehengeblieben zu sein scheint. In manchem Hof plätschert noch ein Brunnen. Und man kann sich vorstellen, wie im Winter die Kapitäne mit ihrer Schiffsausrüstung auf den Dachböden auf die nächste Ausfahrt warteten …

Empfehlungen

Schloss Glücksburg

Mai—Okt.: 11—17 Uhr; Nov.: Sa/So 11—16 Uhr;
Dez. Fr—So (Weihnachtsmarkt)

Das berühmte weiße Schloss mit seinen vier achteckigen Eck-
türmen, das sich in seinem umgebenden Schlosssee so roman-
tisch spiegelt, liegt zehn Kilometer fördeabwärts. Herzog Johann
der Jüngere von Schleswig-Holstein-Sonderburg legte 1582 den
Grundstein für das Wasserschloss, das aus drei nebeneinander-
gebauten dreistöckigen Langhäusern besteht. Das Schloss wird
auch als »Wiege der europäischen Königshäuser« tituliert, da die
verschiedenen Linien der Herzöge von Schleswig-Holstein-Sonderburg in nahezu alle europäischen Königs- und Fürstenhäuser
eingeheiratet haben. Schon der Erbauer Herzog Johann war durch
seine 23 Kinder der Schwiegervater vieler europäischer Fürsten.

Landschaftsmuseum Unewatt

Unewatter Straße 1a, 24977 Langballig,
Mai—Sept.: Di—So 10—17 Uhr; Apr./Okt.: Fr—So 10—17 Uhr

Das Landschaftsmuseum ist ein ungewöhnliches Museums-
projekt, bei dem fünf »Museumsinseln« dezentral im Dorf ver-
teilt sind, die auf einem Rundgang erkundet werden können.
Wohnen und Wirtschaften im 19. Jahrhundert in der Landschaft
Angeln sind Thema dieser Museumsbereiche. Der rekonstruier-
te Marxenhof, ein alter Wirtschaftshof, eine große Scheune, eine
Buttermühle mit Mühlenteich, eine Räucherei und ein Trans-
formatorenhaus sowie eine Windmühle gehören dazu. Der
Wechsel zwischen musealen und modern genutzten Gebäuden
macht den Reiz des Dorfes aus. Das Landschaftsmuseum titelt
daher: »Ein Dorf mit Museum – ein Museum mit Dorf«.

Aabenraa

Die dänische Stadt Aabenraa liegt ca. 30 Kilometer nördlich von
Flensburg. Auch Aabenraa hat eine lange Tradition als Handels-
und Seefahrerstadt und als Hafenstadt an der Ostsee eine ähn-
liche Geschichte wie Flensburg. In der Stadt gibt es noch viele
schmale Gässchen mit alten Bürger- und Handwerkerhäuschen.
Sehenswürdigkeiten der Stadt sind das Schloss Brundlund mit
Museum, die Nikolaikirche, das Rathaus, die Schlossmühle
sowie der Marktplatz mit den wunderschön renovierten Kauf-
mannshäusern.